Inhalt

Unsere Schule früher und heute

1 Forsche zu Ereignissen deiner Schule von früher. Fülle die Übersicht aus:
- Schreibe das Ereignis auf.
- Ergänze die Jahreszahl.
- Erfinde ein Symbol für das Ereignis.

Gründung unserer Schule 		

2 Die Schreibwerkzeuge haben sich mit der Zeit gewandelt.
Wer schrieb oder schreibt mit welchem Schreibwerkzeug? Verbinde.

Sich zu schulischen Bedingungen in früherer Zeit positionieren, wichtige Ereignisse notieren;
Schreibgeräte unterschiedlichen Zeiten zuordnen

3 Stelle deine Schule vor.
Wähle selbst aus, worüber du informieren willst.
Präsentiere deine Ergebnisse.

Meine ersten Ideen:

____

____

____

____

____

____

4 Im nächsten Schuljahr gehst du in eine weiterführende Schule.
Informiere dich über eine Schule in deiner Region.

Steckbrief der Schule

Name: ______________________________

Adresse: ______________________________

____

Schwerpunkte der Schule (Profil):

____

Wie kommst du an Informationen?
- Befrage Lehrkräfte deiner eigenen Schule.
- Informiere dich im Internet über die Schule.
- Besuche die Schule am „Tag der offenen Tür“.
- Befrage Schülerinnen und Schüler der weiterführenden Schule.

Arbeitsgemeinschaften: ______________________________

Verpflegung: ______________________________

Abschlüsse: ______________________________

Besonderheiten: ______________________________

Sich zu schulischen Bedingungen heute positionieren; Informationen zu weiterführenden Schulen einholen und eine Schule im Steckbrief beschreiben

Sich einschätzen lernen

1 Eigene Einschätzungen helfen dir, über die Wahl der weiterführenden Schule nachzudenken. Schreibe auf.

Meine Lieblingsfächer:

____

____

____

Meine Interessen:

____

____

____

Das kann ich gut:

____

____

____

____

Das möchte ich gerne lernen:

____

____

____

____

Was ich mir an meiner neuen Schule wünsche:

____

____

____

____

2 Zu welcher Schule möchtest du nach der 4. Klasse gehen?

____

____

Sich selbst einschätzen lernen und eine eigene Dokumentation erstellen; sich Gedanken über den Besuch einer weiterführenden Schule machen

3 Schätze deine Leistungen in einigen Fächern, deine Arbeitshaltung und deinen Umgang mit Mitschülern ein.
Kreuze an:

Einschätzungspunkte	☺	😐	☹
Meine Leistungen im Fach Mathematik:			
Meine Leistungen im Fach Deutsch:			
Meine Leistungen im Fach Sachunterricht:			
Meine Leistungen im Fach Englisch:			
Ich arbeite im Unterricht mit.			
Ich gebe bei Schwierigkeiten nicht gleich auf.			
Ich löse meine Hausaufgaben selbstständig.			
Ich kann mir meine Zeit zum Arbeiten gut einteilen.			
Ich helfe anderen, wenn ich es kann.			

4 Überlege: Woran möchte ich in diesem Schuljahr besonders arbeiten, um einen guten Übergang zur weiterführenden Schule zu erreichen?
Schreibe deine Gedanken auf:

____

____

____

____

____

____

____

Medien nutzen

1 Jeden Tag benutzt du Medien,
um dich zu informieren, dich zu unterhalten
oder mit anderen Kontakt zu haben.
Wozu nutzt du welches Medium im Alltag?
Kreise die abgebildeten Medien in den entsprechenden Farben ein.

○ Kommunikation ○ Unterhaltung ○ Information

2 Was denkst du über dieses Foto?

___

___

___

Vielfalt der Mediennutzung erkennen, Nutzen und Gefahren durch Medien abschätzen lernen;
Regeln für die Mediennutzung aufschreiben und begründen

3 Was machen diese Familienmitglieder an ihren Smartphones oder am Tablet? Trage mögliche Tätigkeiten in ihre Denkblasen ein.

- Öffnungszeiten der Bibliothek nachsehen
- Theaterkarten reservieren
- den Treffpunkt für den Klassenausflug erfragen
- den Elternabend im Kalender einspeichern
- mit der Vokabel-App lernen
- E-Mails schreiben
- Nachrichten lesen
- für die Hausaufgaben etwas nachschauen
- ...

4 Welche Regeln für die Mediennutzung gibt es bei dir zu Hause? Welche findest du sinnvoll? Mit welchen Regeln hast du Probleme?

Sichere Handynutzung

Ein Smartphone hat viele Funktionen.
Das liegt an den Anwendungen (Apps), die man sich herunterladen kann.
Das solltest du immer gemeinsam mit einem Erwachsenen tun.

1 Was kannst du mit welcher App machen?
Schau dir die Bilder der Apps an und beschrifte sie.

Filme ansehen

Fotos ansehen

2 Beim Nutzen des Internets oder von Apps gibt es einige Gefahren, auf die du achten solltest. In welcher Situation solltest du welchen Tipp berücksichtigen? Verbinde:

Ich habe heute in der Schule ein witziges Foto von Yannick gemacht. ●	● Gib niemals Informationen über dich an Fremde weiter. Auch nicht, wenn du sie im Chat nett findest.
Ich suche im Internet Informationen für meinen Vortrag. ●	● Vorsicht vor versteckten Kosten. Man wird leicht dazu verlockt, in Apps noch weitere Dinge zu kaufen.
Ich habe eine neue Quiz-App. Man kann sogar noch weitere Fragen herunterladen. ●	● Achtung, falsche Informationen lauern überall. Prüfe sie auf ihre Richtigkeit.
Nach der Schule chatte ich oft. Manchmal tausche ich mich auch in einem Forum mit anderen aus. ●	● Du darfst keine Fotos gegen den Willen der abgebildeten Personen verbreiten. Das Internet vergisst nichts!

Nutzung eines Mediums am Beispiel des Handys besprechen;
Tipps zur Handynutzung situationsgerecht erfassen und verstehen

3 Passwörter sind privat! Übe, wie du ein Passwort für dich findest.

Dein Passwort sollte:

- nicht dein eigener Name, dein Geburtsdatum oder das deiner Eltern und Geschwister sein
- mindestens 12 Zeichen haben
- Groß- und Kleinbuchstaben, Zahlen und andere Zeichen wie **? ! , - #** haben
- dein Geheimnis bleiben

Mit einem geheimen Satz bildest du ganz einfach ein sicheres Passwort.

- Schreibe die Anfangsbuchstaben der Wörter aus deinem geheimen Satz in die Felder.
- Beachte Groß- und Kleinschreibung!
- Am Ende stehen drei Sonderzeichen.

Probiere es aus!
Ich **s**piele **g**erne **S**piele **a**uf **M**amas **S**martphone **o**der **P**apas **T**ablet.

_I_ _s_ ___ ___ ___ ___ ___ ___ ___ ___ # :-)

4 Sieh dir diesen Klassen-Chat an. Überlege, wie du dich in dieser Situation fühlen würdest. Was kann Jan tun? Schreibe ihm einen Ratschlag in die Box.

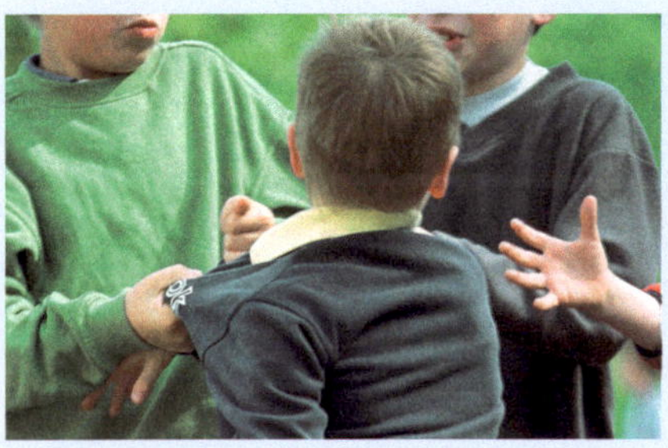

Luisa: Haha, wie ihr Jan heute wieder fertig gemacht habt. Er ist so ein Loser.

Yasin: Ja ey, voll der Loser. Seine Klamotten sind auch richtig uncool.

Leon: Hehe krasses Foto!

____

____

____

____

____

____

Werbung überall

1 Betrachte das Bild. Mit welchen Mitteln wird geworben?
Kreise sie ein.

2 Fülle diese Tabelle zum Bild in Aufgabe 1 aus.
Finde vier Beispiele:

Womit wird geworben?	Wofür wird geworben?

Vielfalt der Werbemittel erkennen; durch tabellarische Einordnung von Werbemitteln erkennen, womit und wofür geworben wird

3 Hast du heute schon Werbung wahrgenommen? Beantworte die Fragen:

Wo wurde geworben? ______________________________

Wie wurde geworben? ______________________________

____

Wofür wurde geworben? ______________________________

4 Im Internet gibt es viel Werbung, die an unterschiedlichen Stellen auftaucht. Ordne die Werbeformen den richtigen Erklärungen zu.

☐ 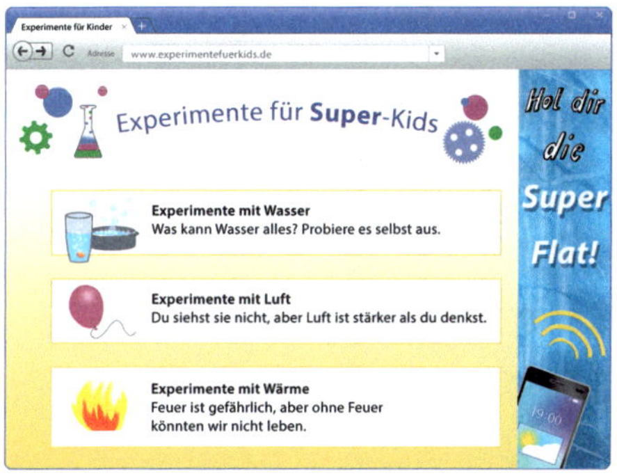

☐ 

☐ 

☐ 

1 Banner
Auf einer Internetseite erscheint am oberen Rand eine blinkende Werbeleiste.

2 Skyscraper
Auf der Internetseite taucht am Seitenrand ein Kasten mit Werbung auf. Er hat die Form eines Hochhauses.

3 Pop-up
Während der Arbeit auf einer Seite oder beim Spielen fliegt zum Beispiel ein Heißluftballon mit Werbung in das Bild.

4 Layer
Während des Lesens auf einer Seite erscheint eine Werbung. Sie verdeckt die gesamte Seite unter sich.

S. 4/5

Tiere des Waldes hinterlassen Spuren und Zeichen

1 Setze die Nummern an die Tiernamen.

- Waldeidechse
- Buntspecht
- Eichhörnchen
- Schnirkelschnecke
- Waldkauz
- Eichelhäher
- Waldameise
- Tagpfauenauge
- Springschwanz
- Rötelmaus
- Blindschleiche
- Wildschwein
- Rotfuchs
- Kreuzspinne
- Reh

2 Welche dieser Tiere können fliegen? Unterstreiche ihre Namen.

Artenkenntnisse von Tieren des Waldes vertiefen, Lebensraum der Tiere in Stockwerken des Waldes benennen; ausgewählte Waldtiere, die fliegen können, kennen

S. 2/3

3 Beschreibe die Bilder.
Ergänze Wörter aus der Jägersprache.

Aus der Jägersprache

Fraßspur:
Futterrest, von einem Tier angefressenes Futter

Gewölle:
von Vögeln ausgewürgte unverdauliche Nahrungsreste

Losung:
Kot von Wildtieren

Fußabdrücke im Boden oder im Schnee:

Spur:
Fußabdrücke aller Wildtiere mit Haaren (Säugetiere)

Fährte:
paarige Abdrücke der Klauen nur von Hirsch, Reh und Wildschwein

Geläuf:
Fußabdrücke von Vögeln

Diese ______________ hinterließ ein Eichhörnchen.

Mit ihrer ______________ markieren Füchse ihr Revier.

Hier ist das ______________ einer Amsel zu sehen.

Diese ______________ zeigt: Ein Rothirsch ist geflüchtet.

Diese ______________ hinterließ ein hoppelnder Hase.

Das ______________ hat eine Schleiereule ausgewürgt.

4 Gestaltet in der Gruppe ein Plakat zu dem Thema „Welches Tier war hier?“.

Jägersprache: Spur, Fährte, Geläuf, Fraßspur, Losung kennen lernen; Bilder beschreiben und den Texten Begriffe zuordnen; dazu Informationen aus Büchern und dem Internet suchen

Pflanzen und Pilze des Waldes

1 Schreibe einen Steckbrief für diese Waldpflanze.

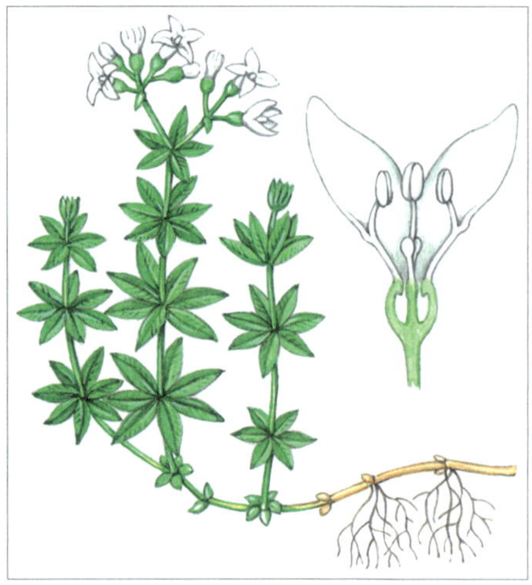

Name: ______________________

Vorkommen: Laubwald, vor allem im

____

Blattform: lanzenförmig

Blätter: 2-5 cm lang, stehen in Quirlen

____

Blütenform: kelchförmig

Blütenfarbe: ______________________

Blütezeit: ______________________

2 Beschrifte die Teile der Pflanze. Male die Pflanze dann aus.

Blüte   Laubblatt   Stängel   Wurzel

Zu einer Waldpflanze (Waldmeister/Schattenpflanze/April-Juni/Wurzeln am Rhizom/Erdspross) einen Steckbrief schreiben; die Pflanze beschriften und ausmalen

3 Ergänze die Angaben zu diesem Röhrenpilz. Nutze das Schulbuch Seite 25.

Das Foto zeigt einen ______________________.

Hut: ______________________

Röhren: ______________________, oben mit einem weißen oder hellbräunlichen Adernetz überzogen

Stiel: ______________________

Fleisch: ______________________

Vorkommen: ______________________

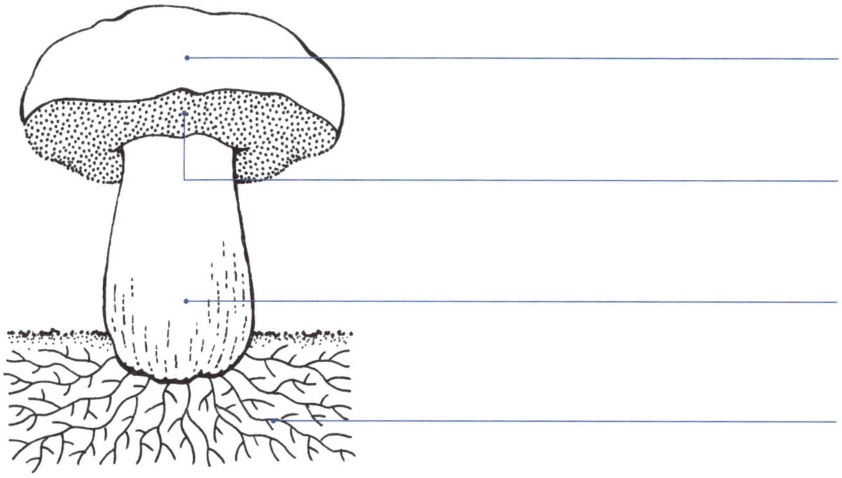

Der Röhrenpilz hat einen **Stiel**. Darauf sitzt ein **Hut** mit **Röhren**. Der Pilz hat keine Wurzeln, sondern ein **Myzel**. Es besteht aus langen fadenförmigen Strängen. Mit dem Myzel nimmt er Wasser und Nahrung auf.

4 Informiere dich über einen dieser Pilze. Nenne Merkmale.

Rotkappe

Birkenpilz

Butterpilz

____

____

____

Steckbrief zum Steinpilz ausfüllen (H: breit, halbkugelig, hell-dunkelbraun; R: erst weiß, dann grüngelblich, S: fest, dick, grauweißlich bis graubräunlich, F: weiß, fest; V: Juli bis Oktober, nahe Kiefern, Fichten, Buchen, Eichen); sich über weitere Pilze informieren

Der Wald als Lebensraum

1 Im Wald finden viele Tiere Unterschlupf, Wohnung und Nahrung.
Lies die Tiernamen. Setze die passenden Nummern an die Bilder.

Einige Tiere ernähren sich hauptsächlich von Pflanzen:

1 Reh
2 Wildkaninchen
3 Rötelmaus
4 Buchfink
5 Insekten

Einige Tiere fressen hauptsächlich Fleisch:

6 Rotfuchs
7 Baummarder
8 Waldkauz
9 Neuntöter
10 Kreuzspinne
11 Erdkröte

Wer frisst wen? Zeichne Pfeile in das Schaubild ein.

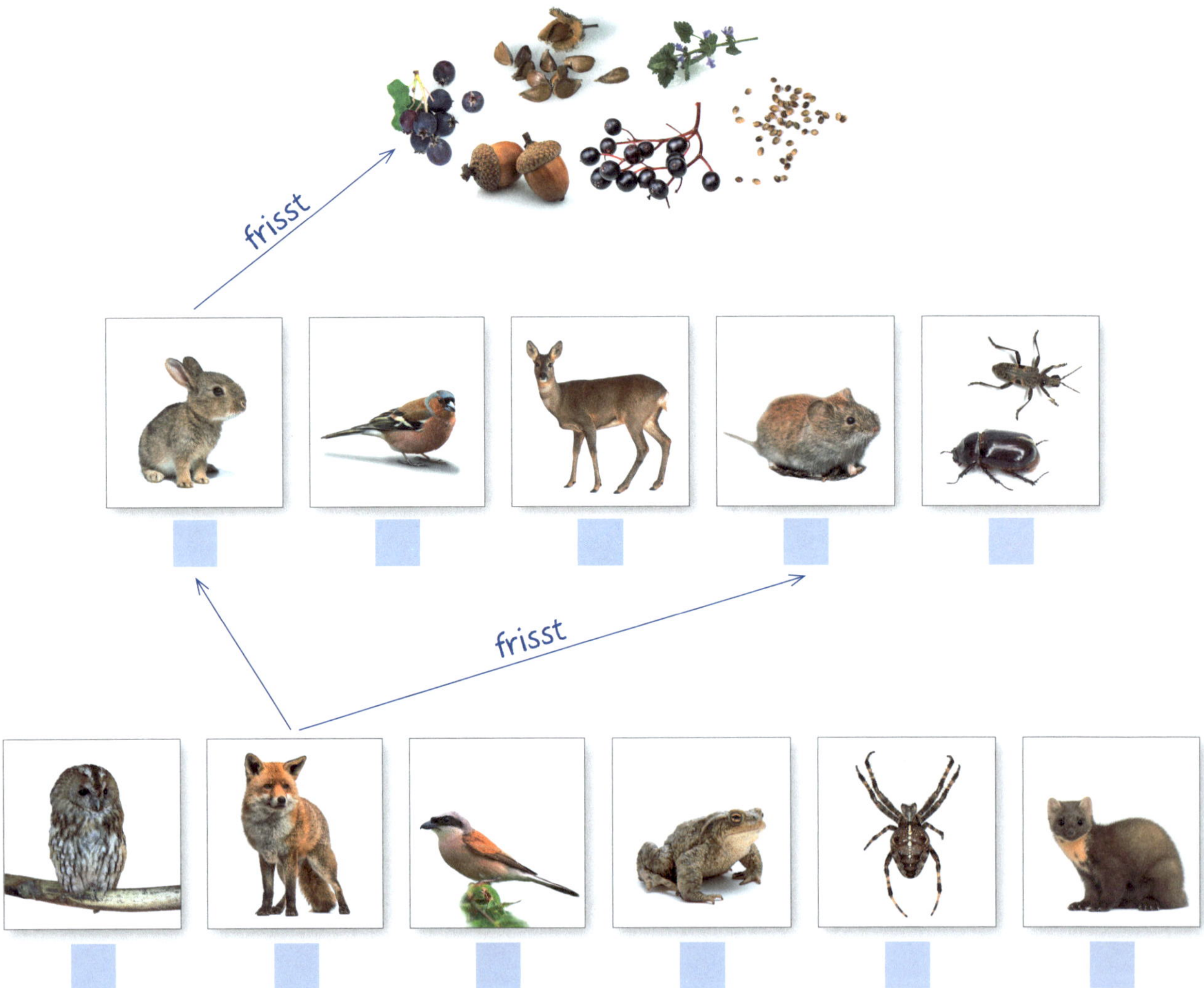

Wald als Lebensgemeinschaft kennen lernen; ein Nahrungsnetz (Pflanzen, Pflanzenfresser und Fleischfresser als Teile des Nahrungsnetzes) erschließen

2 Das brauchen alle Waldpflanzen zum Leben.
Beschrifte das Schaubild. Jeder Baum braucht:

3 Kreuze die richtigen Antworten an:

- [ ] Die häufigsten Baumarten in Sachsens Wäldern sind Kiefern und Fichten.
- [ ] Waldmeister ist ein Moos.
- [ ] Wälder speichern Wasser.
- [ ] Das Reh ist ein Pflanzenfresser.
- [ ] Im Wald darf man überall grillen und ein Lagerfeuer entzünden.

4 Male zu diesen Versen des Dichters Theodor Fontane ein Bild.

Mittag

Am Waldessaume träumt die Föhre,
am Himmel weiße Wölkchen nur;
es ist so still, dass ich sie höre,
Die tiefe Stille der Natur.

Rings Sonnenschein auf Wies‘ und Wegen,
die Wipfel stumm, kein Lüftchen wach,
und doch es klingt als ström‘ ein Regen
leis tönend auf das Blätterdach.

Theodor Fontane

Abbildung zu Lebensbedingungen der Waldpflanzen beschriften; ausgewählte Aussagen zum Wald vertiefen; zu Versen von Fontane ein Bild malen und dabei die Verbindung zwischen lebender und nichtlebender Natur verinnerlichen

S. 2/3

Auf der roten Liste in Sachsen

Auf der ganzen Welt sind viele Tiere, Pflanzen und Pilze selten geworden und vom Aussterben bedroht. Deshalb gibt es „Rote Listen“ der gefährdeten Arten.

1 Beschrifte die Pflanzen und Tiere mit den Buchstaben vor den Namen.

0 Ausgestorben oder verschollen
1 Vom Aussterben bedroht
2 Stark gefährdet
3 gefährdet

2

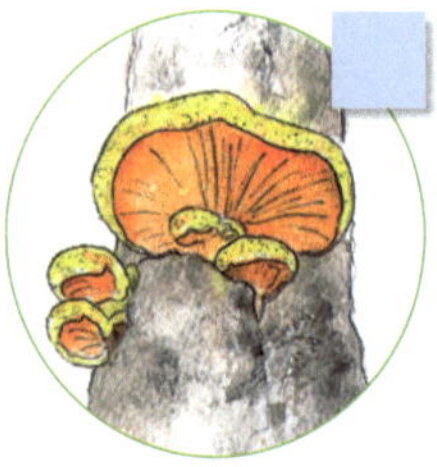
1

2

3

0

1

1

1

1

3

0

2

Tiere

- A Birkhuhn
- B Hirschkäfer
- C Kreuzotter
- D Kuckuck
- E Luchs
- F Uferschnepfe

Pflanzen und Pilze

- G Gelbes Windröschen
- H Grünes Besenmoos
- I Königsrispenfarn
- J Weiß-Tanne
- K Orange-Seitling
- L Kornrade

Bedeutung des Umwelt- und Naturschutzes am Beispiel von selten gewordenen Pflanzen und Tieren kennen lernen, Namen ausgewählter Pflanzen und Tiere aus der roten Liste den Abbildungen zuordnen

2 Partnerarbeit: Welches Tier ist es?

- Jeder wählt in Gedanken ein Tier aus Aufgabe 1 aus.
- Jeder schreibt zwei Sätze zum Tier auf ein Blatt.
- Tauscht nun die Blätter.
- Jeder versucht, den Namen des Tieres herauszufinden und schreibt ihn auf.

3 Schreibe einen Steckbrief zum Luchs.
Nutze das Schulbuch Seite 27 und das Internet (www.fragFinn.de).

Steckbrief Europäischer Luchs

Seite 55

Aussehen: ______________________________

____

____

Lebensraum: ______________________________

____

Nahrung: ______________________________

____

Nachkommen: ______________________________

Besonderheiten: ______________________________

____

4 Begründe, warum einige Tiere und Pflanzen unter Naturschutz stehen.
Suche im Internet unter www.fragFinn.de oder www.bmub-kids.de

____

____

Artenkenntnisse der seltenen und gefährdeten Pflanzen und Tiere vertiefen;
einen Steckbrief über den Luchs schreiben; Begründungen finden, warum viele Pflanzen und Tiere unter Schutz gestellt sind (Seltenheit/Schönheit/Forschungsobjekte)

Waschen früher und heute

1 Lies die Texte.
Schneide die Bilder von Seite 55 aus. Klebe sie auf.

Seite 55

Seite 55

Seite 55

Um 1750 kam die Wäsche in eine große Holzwanne. Darin befand sich eine heiße Lauge, in der man die Wäsche einweichte. An einer Stelle am Fluss legte man die Wäschestücke auf einen Stein und schlug mit einem Holzbrett darauf, bis sie sauber waren. Dann wurde die Wäsche im Fluss gespült.

Um 1850 wurde die Wäsche mit Kernseife in einem Waschkessel gekocht und dabei mit einem langen Holzstab bewegt. Die Wäsche wurde auf einem Waschbrett mit einer Bürste sauber gerubbelt und ausgespült, bis das Wasser klar blieb.

Um 1910 gab es schon Vollwaschmittel, gewaschen wurde aber immer noch in einem Waschkessel. Die Wäsche wurde danach mit einem Stampfer gepresst. So drang das Waschmittel besser in die Wäsche ein. Auch das Ausspülen und Auswringen der Wäsche erfolgte noch mit der Hand.

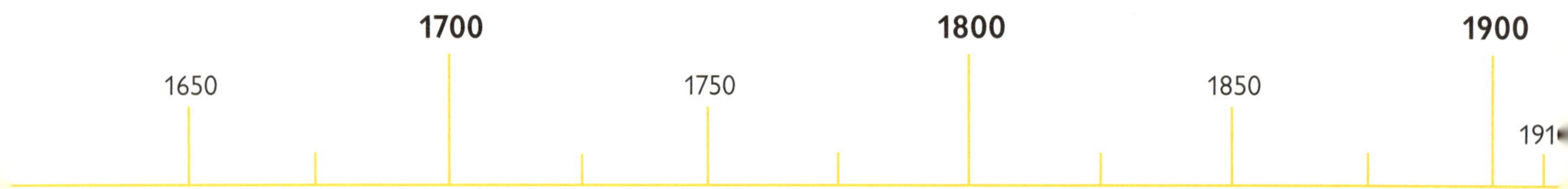

2 Im Text sind Jahreszahlen angegeben. Verbinde die Texte mit der Zeitleiste.

Sich zu technischen Veränderungen im Verlauf der Zeit positionieren; historische Quellen im Vergleich erschließen

3 Frage deine Eltern wie sie Wäsche waschen.
Notiere Arbeitsschritte.

Seite 55

Seite 55

Seite 55

Auch **um 1930** wurde die Wäsche noch im Waschkessel gekocht und dann in eine Holzbottich-Maschine gelegt. Durch ein Drehkreuz wurde die Wäsche darin gleichmäßig bewegt. Seitlich hatte die Maschine eine Vorrichtung zum Auswringen der Wäsche.

Um 1966 kam der Waschkessel aus der Mode. Mit der teilautomatischen Waschmaschine WM 66 konnten die Funktionen Heizen, Waschen und Leeren ausgeführt werden. Das Spülen der Wäsche wurde außerhalb der Waschmaschine per Hand erledigt.

Heute besitzen viele Haushalte vollautomatische Waschmaschinen. Sie werden elektronisch gesteuert. Je nach Art der Wäsche wählt man Waschmittel und Programm aus und drückt die Taste „Start“. Die Wäsche wird gewaschen, gespült und geschleudert.

4 Vergleiche, wie früher gewaschen wurde und wie heute gewaschen wird (z. B. Waschort, Waschmittel, Aufwand oder Zeit).
Schreibe eine Tabelle. Nutze ein Blatt.

Feuer und Wärmeleitung

1 Trage in die Abbildung die drei Bedingungen ein, damit ein Feuer brennen kann.

Ergänze den Satz:

Um die Kerze zu löschen, muss ich mindestens ____ Brandbedingung beseitigen.

2 Betrachte den Versuchsaufbau. Was passiert mit den Wachskugeln? Trage deine Vermutung hier ein.

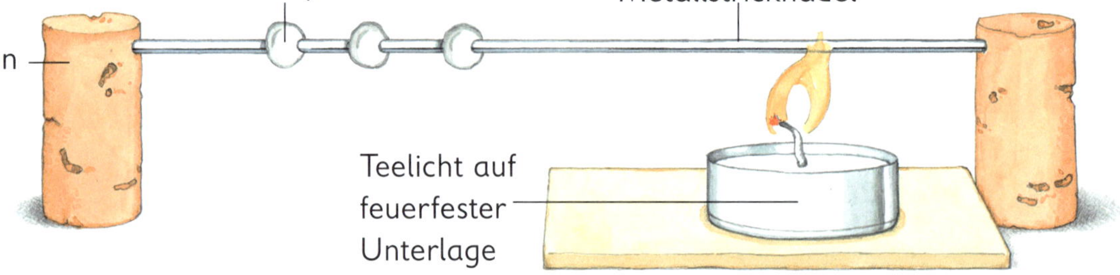

3 Warum dreht sich eine Pyramide, wenn die Kerzen angezündet sind? Betrachte die Zeichnung. Was passiert mit der erwärmten Luft?

Bedingungen für das Entstehen und Löschen eines Feuers kennen; Eigenschaften der Luft am Beispiel Pyramide klären; Vermutungen zur Wärmeleitung in Metallen notieren und diskutieren

4 Führe das Experiment durch.

Wärme lässt sich übertragen

Frage: Welche der abgebildeten Gegenstände leiten Wärme?

Vermutung: Kreuze an. ☒ leitet Wärme gut ☒ leitet Wärme schlecht

☐ Bratpfanne ☐ Metallgabel ☐ Schlüssel ☐ Holzlöffel ☐ Plastiklöffel

☐ feuerfeste Schale ☐ Stein ☐ Geldstück ☐ Stoffstück ☐ Topflappen

Material:
die oben abgebildeten Gegenstände und ...

Kochplatte

Grillzange

Korkscheibe als Untersetzer

Durchführung:

1. Heize die Kochplatte auf niedrigster Stufe.
2. Lege jeden Gegenstand mit der Grillzange kurz auf die Platte und dann auf die Korkunterlage.
3. Berühre den Gegenstand vorsichtig an mehreren Stellen.

Beobachtung: Kreuze an. ☒ leitet Wärme gut ☒ leitet Wärme schlecht

☐ Bratpfanne ☐ Metallgabel ☐ Schlüssel ☐ Holzlöffel ☐ Plastiklöffel

☐ feuerfeste Schale ☐ Stein ☐ Geldstück ☐ Stoffstück ☐ Topflappen

Ergebnis:

Gute Wärmeleiter sind: ______________________________

____

Schlechte Wärmeleiter sind: ______________________________

____

Experimentelle Methode zum Erkennen guter und schlechter Wärmeleiter anwenden, das Wissen über Wärmeleitung und -dämmung auf technische Einrichtungen im Haushalt übertragen

Rätsel in der Winterzeit

1 Die Familie braucht Holz als Brennstoff für das Lagerfeuer.
Welchen Weg muss die Familie gehen, um Holz zu holen?

2 Erkläre, warum die Rauchmelderpflicht wichtig ist:

___

___

___

3 Notiere: Womit kannst du dieses Feuer löschen?

___

___

___

Den richtigen Weg durch ein Labyrinth finden (Förderung der Wahrnehmung); einen Vers vollenden und sich merken;
Löschmöglichkeit eines Feuers (Adventskranz) festigen

4 Welcher Schlittenspur muss der Detektiv folgen, um den Wildtieren Futter zu bringen? Der Weg führt über die richtigen Antworten. Kennzeichne die Spur farbig.

Zusammenhänge zwischen lebender und nichtlebender Natur erkennen, eigene Kenntnisse anhand des Rätsels festigen, richtige Antworten begründen

Ein Würfelspiel

1 Spielt das Würfelspiel und beachtet die Gesundheitstipps.
Wer ist zuerst im Ziel?

Durch ein Würfelspiel miteinander über Gesundheitsfragen ins Gespräch kommen, spielerische Elemente zur Festigung von Wissen einsetzen

Durch ein Würfelspiel miteinander über Gesundheitsfragen ins Gespräch kommen, spielerische Elemente zur Festigung von Wissen einsetzen

Wir verändern uns

1 In der Pubertät verändern sich Mädchen und Jungen körperlich.
Setze die passenden Wörter ein.

Stimme | Jungen | Penis | Mädchen

Achseln | Brüste | Haare | Samenzellen

_______________ und _______________ werden größer.

Unter den _______________ und im Schambereich wachsen bei Jungen und Mädchen _______________. Bei den Mädchen werden die _______________ größer. Sie bekommen ihre „Tage“. Bei den Jungen wird der _______________ größer. Im Hoden werden _______________ gebildet. Auch die _______________ wird tiefer.

2 Betrachte die Bilder und lies die Texte. Bearbeite die Aufgabe.

Warum eigentlich so?

Mädchen und Jungen
können auch nett miteinander umgehen.
Meine Wörter und Sätze dazu:

Einen Lückentext ausfüllen und dabei die körperlichen Veränderungen in der Pubertät benennen; am Beispiel gefühlsmäßige Veränderungen wahrnehmen und zum Umgang von Mädchen und Jungen Aussagen formulieren, diese diskutieren

3 Was hat sich verändert?

Schreibe und male oder klebe Fotos ein.

Woran erinnere ich mich gerne?

Worauf bin ich stolz?

Was ist doof gelaufen?

Worüber bin ich traurig oder wütend?

Das war ich:

Das bin ich heute:

4 Was wird noch kommen?

Schreibe oder zeichne etwas zu deiner Zukunft.

Wie werde ich mal aussehen?

Wovor habe ich Angst?

Worauf freue ich mich?

Durch Texte, Zeichnungen oder Fotos die eigenen Veränderungen im Verlaufe der Zeit (Vergangenheit – Gegenwart) darlegen; sich Gedanken über die eigene Zukunft machen

Der Freistaat Sachsen in Deutschland

1 Arbeite mit der Karte:
- Markiere die Landesgrenze Sachsens. Orientiere dich an der Legende.
- Beschrifte dein Land. Benenne angrenzende Bundesländer.
- Markiere die Staatsgrenze der Bundesrepublik Deutschland.
- Beschrifte alle Nachbarstaaten. Kennzeichne ihre Grenzen.

Orientierungsmöglichkeiten auf der Karte finden; Lage des Freistaates in der Bundesrepublik Deutschland kennen; Landesgrenze, Staatsgrenzen, benachbarte Bundesländer und Staaten beschriften

S. 10/11

2 Klebe die passenden Bilder von Seite 55 hier ein.
Wie heißt die Stadt, in der diese Sehenswürdigkeiten stehen?

____

Seite 55	Seite 55	Seite 55	Seite 55
Goldener Reiter	Landesparlament	Frauenkirche	Zwinger

3 Gestalte die Fahne und das Wappen des Freistaates Sachsen farbig.

4 Schreibe für Sachsen auf:

A längster Fluss: ____________

B größte Talsperre: ____________

C höchster Berg: ____________

D fruchtbarstes Ackerland: ____________

E Stadt mit den meisten Einwohnern: ____________

F älteste Stadt: ____________

Übersichtskarte des Landes

1 Löse die Aufgaben mit einem Partnerkind.
Findet auf der Karte
- die Landesgrenze des Bundeslandes Sachsen. Umfahrt sie mit dem Zeigefinger.
- die Hauptstadt Dresden.
- Städte mit mehr als 500.000 Einwohnern.
- den Flussverlauf der Elbe durch Sachsen.
- ein Gebiet, das 100 bis 150 m hoch ist.
- Stellt euch selbst noch weitere Aufgaben.

Landhöhen

über	1000 m
750 m -	1000 m
500 m -	750 m
300 m -	500 m
200 m -	300 m
150 m -	200 m
100 m -	150 m
unter	100 m

932 Höhenpunkt mit Höhenzahl

Gewässer

- Fluss
- See
- Stausee mit Staumauer
- Sumpf

Grenzen

- Staatsgrenze
- Landesgrenze
- Kreisgrenze

Verkehr

- Eisenbahn (Hauptlinie)
- Eisenbahn (Nebenlinie)
- Eisenbahntunnel
- Autobahn mit Auffahrt
- Autobahntunnel
- Autobahn im Bau / geplant
- Bundesstraße und Fernverkehrsstraße

Orte Einwohnerzahl

über	500 000
250 000 -	500 000
100 000 -	250 000
50 000 -	100 000
20 000 -	50 000
10 000 -	20 000
5 000 -	10 000
unter	5 000

Dresden Landeshauptstadt

Leipzig Sitz Landesdirektion, kreisfreie Stadt

Pirna Kreisstadt

0 10 20 30 40 50 km

Auf der Karte des Freistaates Sachsen entdeckt

1 Nutze die Karte auf den Seiten 32 und 33.
Schreibe hier Planquadrate, Orte und Gewässer auf.

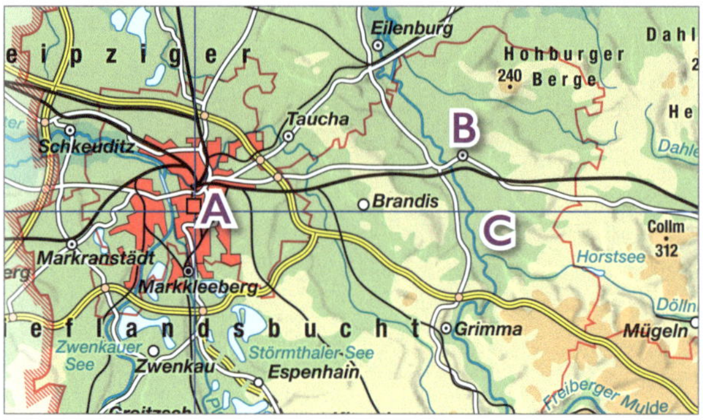

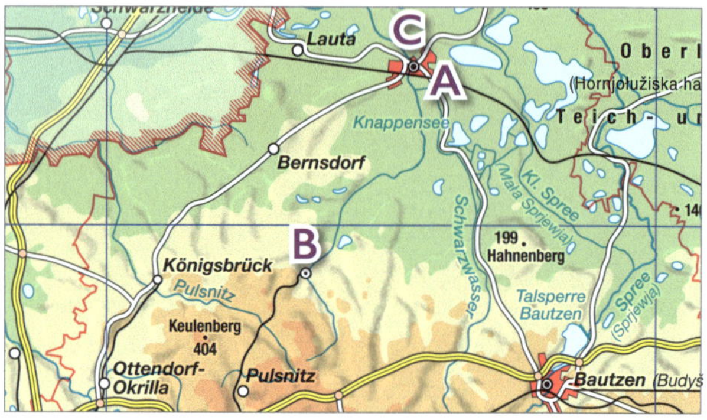

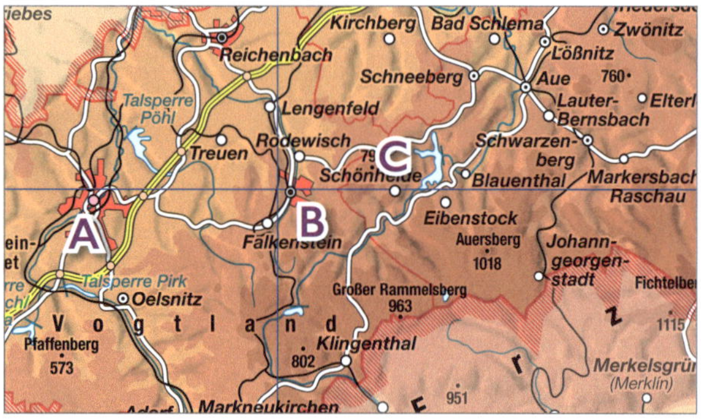

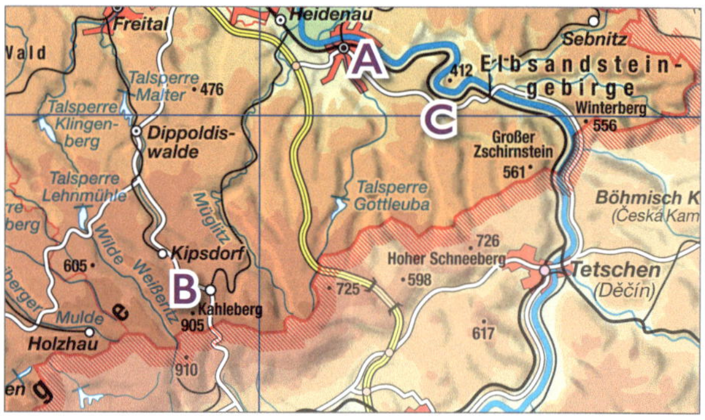

Planquadrate: ______________________

Ort **A**: ______________________

Ort **B**: ______________________

Gewässer **C**: ______________________

Ich entdecke noch: ______________________

Planquadrate: ______________________

Ort **A**: ______________________

Ort **B**: ______________________

Gewässer **C**: ______________________

Ich entdecke noch: ______________________

Planquadrate: ______________________

Ort **A**: ______________________

Ort **B**: ______________________

Gewässer **C**: ______________________

Ich entdecke noch: ______________________

Planquadrate: ______________________

Ort **A**: ______________________

Ort **B**: ______________________

Gewässer **C**: ______________________

Ich entdecke noch: ______________________

Kartenausschnitte aus der Landkarte finden, lesen und ihnen Informationen entnehmen; Beschreibungen vergleichen

2 Umfahre die Landesgrenze auf der Karte mit der Farbe aus der Legende.

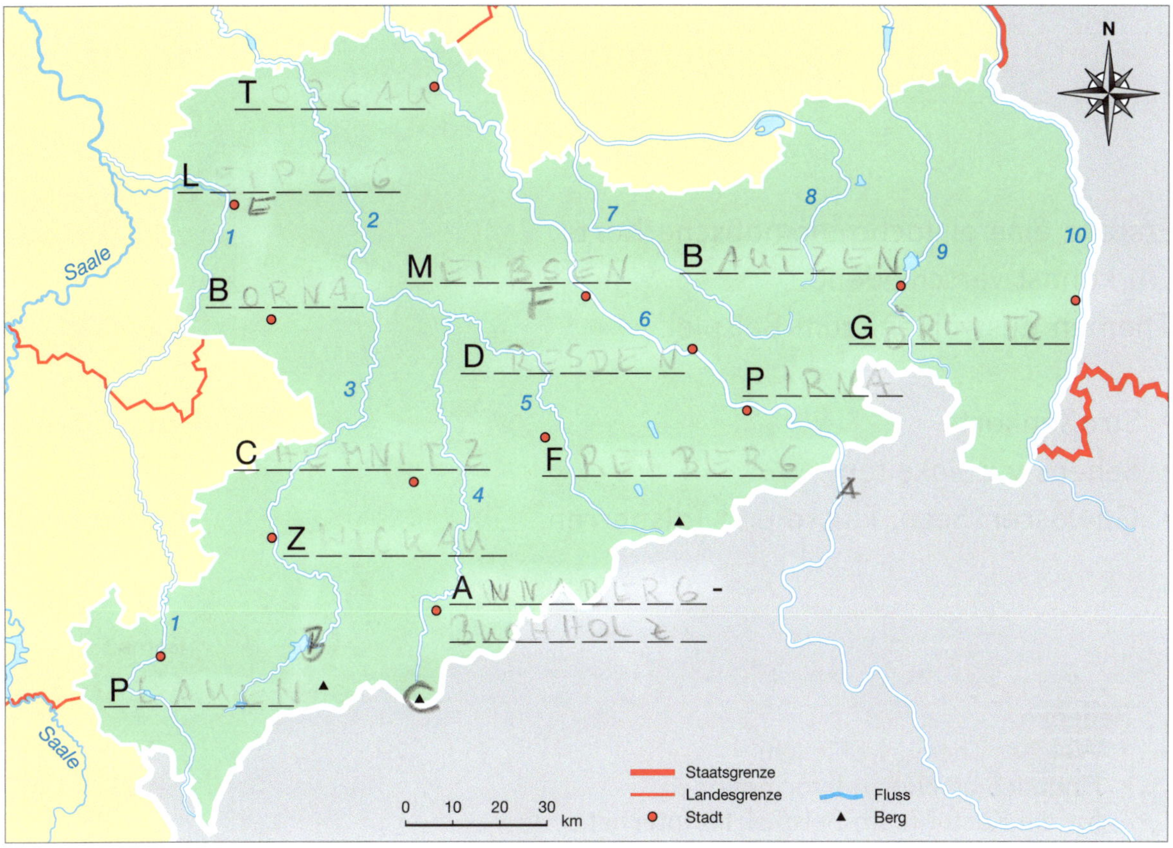

3 Trage die Namen der Städte in der oberen Karte ein.
Unterstreiche die Landeshauptstadt.
Trage auch deinen Wohnort in die Karte ein.

4 Zeichne die Flüsse in der Karte nach. Trage dann ihre Nummern hier ein.

- Mulde
- Freiberger Mulde
- Zwickauer Mulde
- Große Röder
- Weiße Elster
- Schwarze Elster
- Zschopau
- Elbe
- Spree
- Neiße

5 Nutze deine Aufgaben von Seite 31.
Trage die Buchstaben auf der Karte oben ein.

- **A** längster Fluss
- **B** größte Talsperre
- **C** höchster Berg
- **D** fruchtbarstes Ackerland
- **E** Stadt mit den meisten Einwohnern
- **F** älteste Stadt

S. 10/11

Umrisskarte des Freistaates Sachsen

____

1 Erstelle eine einfache thematische Karte.
Du kannst verschiedene
Themen auswählen, zum Beispiel:

- Straßenkarte
- Sehenswürdigkeiten
- Gewässer: Seen, Flüsse und Talsperren.

Umrisskarte mit selbst gewähltem Thema und selbst entworfenen Legendenzeichen gestalten, Hinweise zur Gestaltung nutzen; Karten in der Klasse besprechen

Meine Legende:

____

____

____

____

____

____

Umrisskarte mit selbst gewähltem Thema und selbst entworfenen Legendenzeichen gestalten, Hinweise zur Gestaltung nutzen; Karten in der Klasse besprechen

S. 10/11

Reise durch das Land

1 Beschrifte die kleinen Bilder der Sehenswürdigkeiten.

2 Welche Sehenswürdigkeiten deines Landes hast du schon besucht? Nenne Beispiele.

Sehenswürdigkeiten im Land kennen lernen; Namen den Vignetten zuordnen, dazu in Reiseführern oder im Internet recherchieren

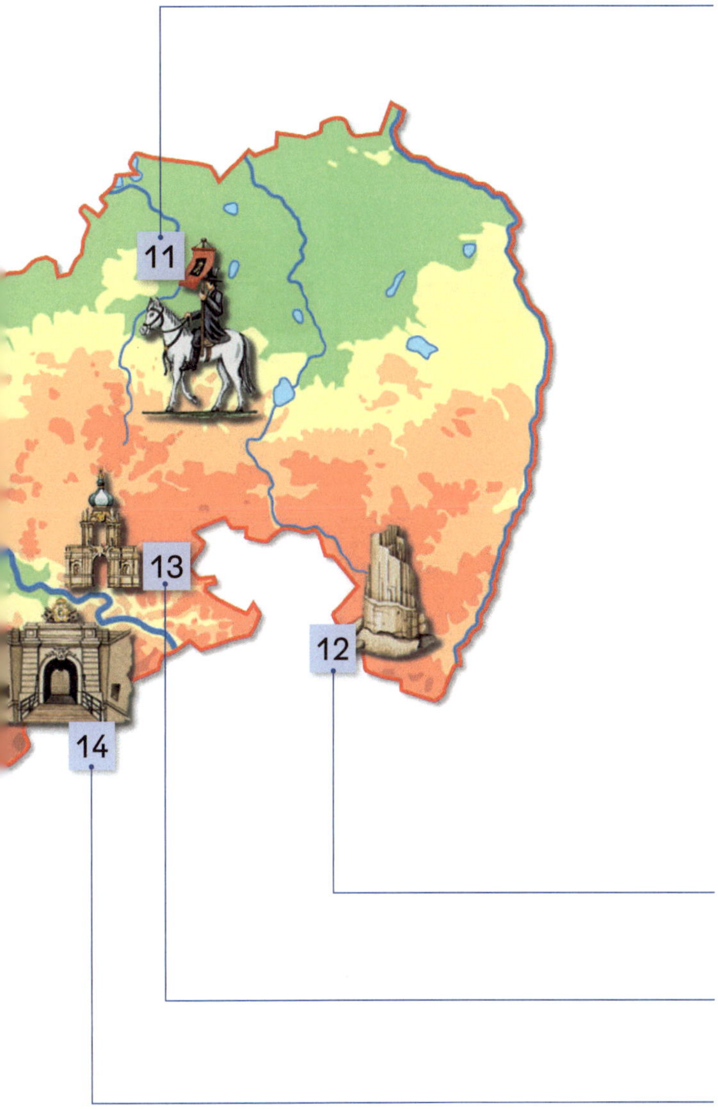

1 Schloss Hartenfels bei Torgau
2 Roland in Belgern
3 Völkerschlachtdenkmal bei Leipzig
4 Nudelfabrik in Riesa
5 Distanz-Meilensäule in Frohburg
6 Dampfmaschine im Industriemuseum Chemnitz
7 Göltzschtalbrücke im Vogtland
8 Drachenhöhle in Syrau
9 Frohnauer Schmiedehammer
10 Nussknacker aus dem Erzgebirge
11 Osterreiter in der Oberlausitz
12 Orgel Zittauer Gebirge
13 Zwinger in Dresden
14 Festung Königstein in der sächsischen Schweiz

3 Beantworte die Frage, die der Hund stellt.
Vermute und schreibe auf.

4 Wähle eine Sehenswürdigkeit aus deinem Land aus.
Sie kann auch in deinem Ort zu sehen sein.
Gestalte dazu ein Blatt. Nutze zur Information das Internet.

Sehenswürdigkeiten im Land kennen lernen; Namen den Vignetten zuordnen, dazu in Reiseführern oder im Internet recherchieren; den Begriff Sehenswürdigkeit klären, eine Sehenswürdigkeit näher vorstellen

S. 8/9

Was ich über Sachsen weiß

1 Markiere die Lösungsbuchstaben. Schreibe sie in die Kästchen.

Schlage nach im

1	2	3	4	5	6	7	8	9

1 Landesdienstflagge des Freistaates Sachsen	A 	S 	C 
2 Stadt im Planquadrat C3 auf der Landeskarte	C Chemnitz	D Markkleeberg	G Radeberg
3 Höchster Berg in Sachsen	F  Auersberg	H  Fichtelberg	E  Winterberg
4 Berühmte Frau aus Sachsen	K Astrid Lindgren	B Käthe Kruse	U Clara Schumann
5 Bauwerk von Matthäus Daniel Pöppelmann	S Völker-schlacht-denkmal 	A  Semper-Oper	L Zwinger 
6 Produkte aus Sachsen	T  Spreewaldgurken	N  Thüringer Bratwurst	B  Riesa Nudeln
7 Landtagsabgeordnete beraten	P  im Rathaus	U  im Landtag	E  im Bundestag
8 Grenzstadt zur Republik Polen	F  Freiberg	U  Bautzen	C  Görlitz
9 Ein benachbartes Bundesland	H  Thüringen	N  Mecklenburg-Vorpommern	W  Berlin

Der Landkarte, dem Atlas und dem Schulbuch Informationen entnehmen; Kenntnisse hier anwenden, das Quiz lösen und ein Lösungswort finden

S. 8/9

2 Trage die Landschaften und Gewässer von Seite 35, Aufgabe 5 mit A, B, C, D in diese Karte ein.

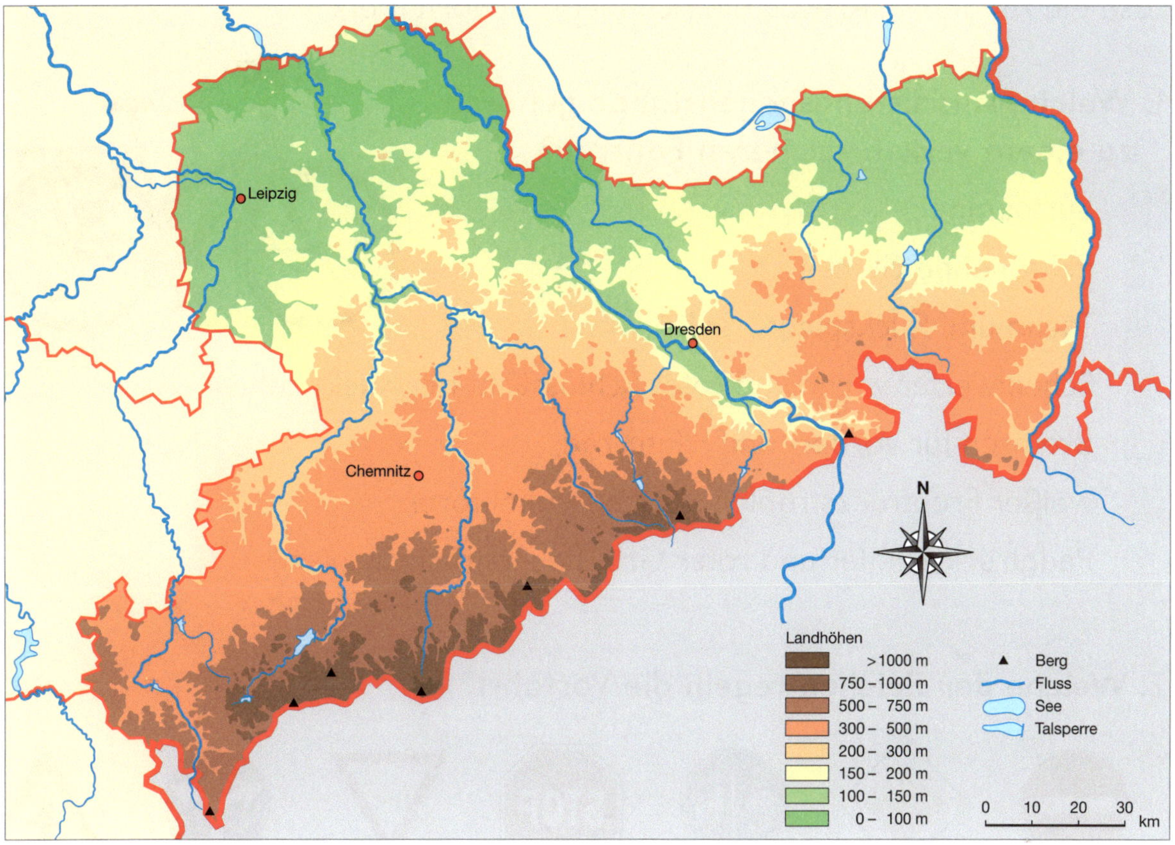

3 Kreuze an. Das ist richtig [X] Das ist falsch [X]

		richtig	falsch
1	Die Stadt Bautzen liegt in der Oberlausitz.		
2	Die Stadt Plauen liegt im Elbtal.		
3	Die Leipziger Tieflandsbucht liegt im Südwesten unseres Landes.		
4	Der Kahleberg ist der höchste Berg im Erzgebirge.		
5	Die Talsperre Eibenstock ist die größte Talsperre Sachsens.		
6	Teile des Elbsandsteingebirges sind als Nationalpark „Sächsische Schweiz" geschützt.		
7	Die Spree entspringt in der Muskauer Heide.		
8	Görlitz ist eine Stadt an der Grenze zu Polen.		

4 Schreibe die Nummern der richtigen Antworten in die Karte oben. Kontrolliere deine Eintragung mit der Karte auf den Seiten 32–33.

Vorbereitung auf die Fahrradprüfung

1 Löse die Aufgaben. Kreuze die richtigen Antworten an.

1. Welche Ausrüstungsgegenstände gehören zu einem verkehrssicheren Fahrrad?

- [ ] Luftpumpe
- [ ] helltönende Glocke
- [ ] Tacho und Rückspiegel
- [ ] Scheinwerfer vorne und rotes Schlusslicht mit Rückstrahler
- [ ] Bremsen für Vorder- und Hinterrad
- [ ] weißer Frontrückstrahler, Speichenreflektoren, Pedalrückstrahler und roter Großflächenrückstrahler

2. Welche der Zeichen regeln die Vorfahrt?

- [ ]
- [ ]
- [ ]
- [ ]
- [ ]
- [ ]
- [ ]

3. Du bist der Radfahrer. Wann darfst du fahren?

- [ ] als Erster
- [ ] als Zweiter

4. Du bist der Radfahrer. Wann darfst du fahren?

- [ ] als Erster
- [ ] als Zweiter
- [ ] als Dritter

5. Welches Fahrzeug fährt als Letztes?

- [ ] rotes Auto
- [ ] blaues Auto
- [ ] Fahrrad

Regeln zur Verkehrssicherheit als Radfahrer für die Vorbereitung auf die Fahrradprüfung wiederholen; verkehrssicheres Fahrrad, Verkehrszeichen, Vorfahrtregeln, Rücksichtnahme, Verantwortung besprechen

6. Was ist richtig?

☐ Als Radfahrer darf ich am Fußgängerüberweg immer fahren.

☐ Als Radfahrer muss ich anhalten und die Fußgänger vorbeilassen.

☐ Ist die Lücke zwischen den Fußgängern groß genug, kann ich weiterfahren.

7. Wie verhältst du dich als Radfahrer an diesem Waldweg?

☐ Das Auto muss mir die Vorfahrt gewähren.

☐ Ich warte bis das Auto vorbeigefahren ist.

8. Der Polizist hat sich gerade gedreht. Kreuze an, was das für dich bedeutet.

☐ anfahren

☐ noch warten

9. Wie kannst du einen Beitrag zum Umweltschutz leisten?

☐ Ich lasse mich mit dem Auto zur Schule bringen.

☐ Ich fahre mit dem Fahrrad.

☐ Ich fahre, wenn möglich, mit dem Bus oder der Bahn.

10. Wer trägt den Fahrradhelm richtig?

☐ 

☐ 

☐ 

☐ 

Regeln zur Verkehrssicherheit als Radfahrer für die Vorbereitung auf die Fahrradprüfung wiederholen; Verhalten am Fußgängerüberweg, Ausfahrt aus Waldwegen, Fahren auf Straßen mit Regelung der Polizei, richtiges Tragen eines Fahrradhelms, Beitrag zum Umweltschutz

S. 6/7

Sie leben am und im Gewässer

1 Wie heißen die Pflanzen und Tiere?
Schreibe ihre Namen auf.

1

2

3

4

5

6
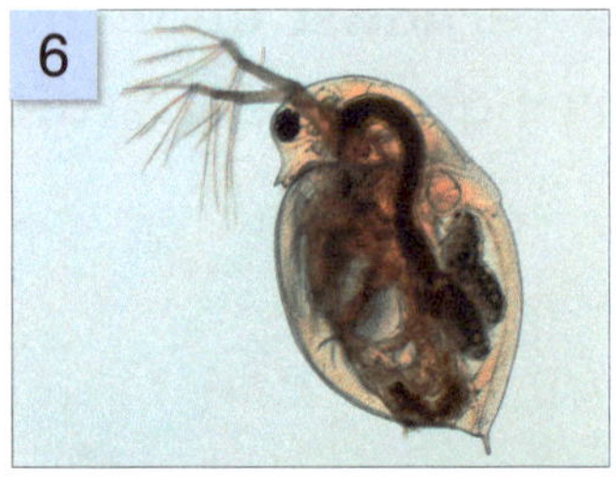
7

8

9

1	P	O	S	T	H	O	R	N	S	C	H					
2	S	U				D										
3	G				R			H								
5		O	H		S	Ä										
6	W		S		E		F	L								
7		A	S	S			P									
8	S	C	H	W	E	B	F	L								
9	H			B			T			C	H					

4		E	C		

Artenkenntnisse vertiefen, Pflanzen (Sumpfdotterblume, Wasserpest) und Tiere (Graureiher, Haubentaucher, Hecht, Posthornschnecke, Rohrsänger, Schwebfliege, Wasserfloh), am und im Gewässer benennen, zu den Tieren erzählen lassen

2 Schneide die Bilder von Seite 55 aus und klebe sie ein.

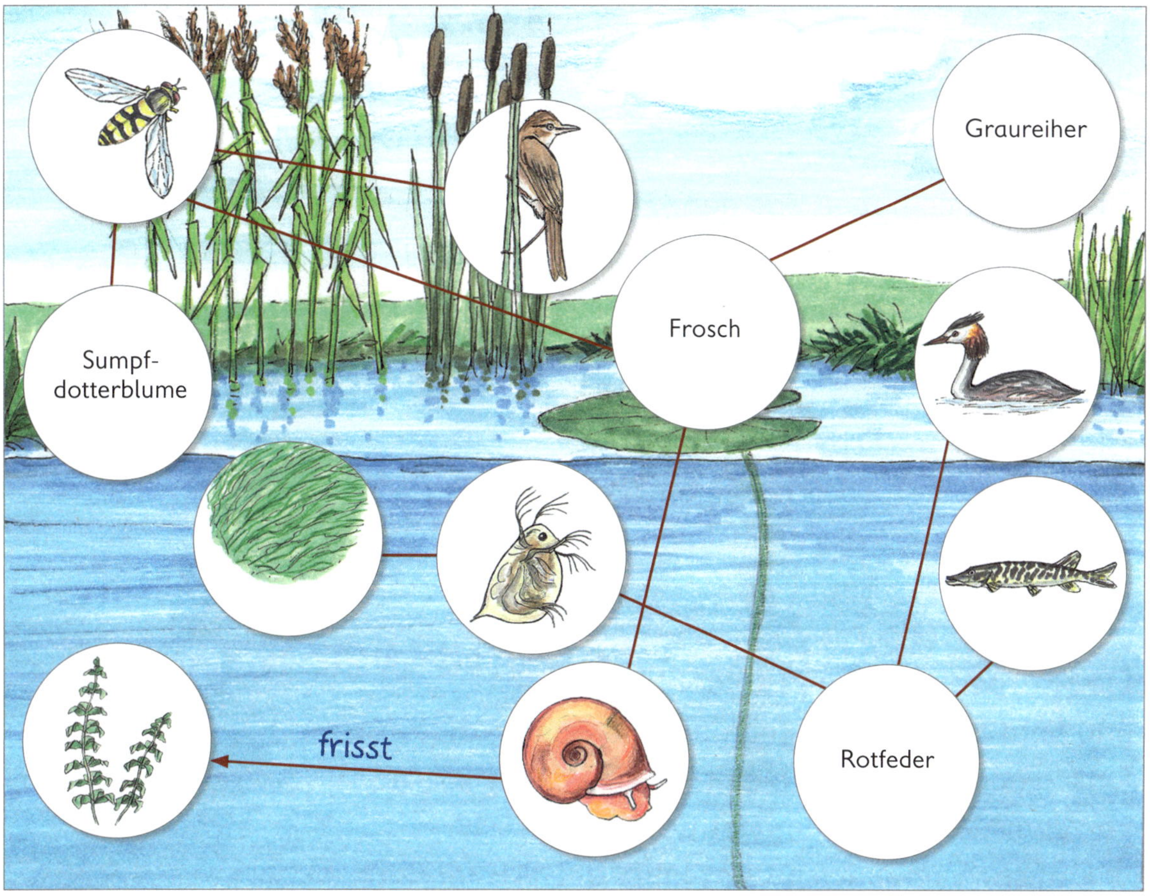

3 Wer frisst wen?
Ergänze die Pfeile im abgebildeten Nahrungsnetz.

4 Vervollständige den Text:

Lebensgemeinschaft	Lebewesen	Nahrungsnetze	Tieren

________________________ ernähren sich von verschiedenen Pflanzen

und/oder von ____________________. Sie sind voneinander abhängig und

bilden eine ____.

Verbindungen der Lebewesen über die Nahrung werden als

____ bezeichnet.

Die Stockente

1 Wie ist die Stockente an das Leben im und am Wasser angepasst? Unterstreiche alle Textstellen, mit denen du die Frage beantworten kannst.

Die Weibchen haben das ganze Jahr graubraune Federn. Beim Brüten sind sie gut an die Umgebung angepasst und dadurch besser vor Feinden geschützt.

Die Männchen (Erpel) zeigen sich im Frühling im farbenfreudigen Federkleid. Damit locken sie die Weibchen an und grenzen ihr Revier ab.

Der Körper der Enten ist kahnförmig und liegt beim Schwimmen gut auf dem Wasser. Das „Federluftkissen“ bietet Wärmeschutz vor dem Wasser und macht den Körper beim Schwimmen leicht. Am Ende des Rückens haben die Enten eine Bürzeldrüse. Sie sondert Fett ab. Mit dem Schnabel verteilen sie das Fett über ihr Federkleid, so dass es wasserabweisend ist.

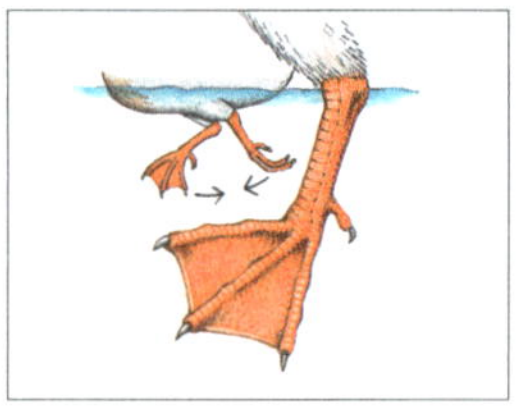

Enten haben Schwimmfüße, denn die Zehen sind durch Schwimmhäute miteinander verbunden. Enten suchen ihre Nahrung oft am Grund der Gewässer. Sie „gründeln“. Dafür kippen sie nach vorn, dann sind Kopf und Hals unter Wasser. Der Schnabel wirkt wie ein Sieb. Die Nahrung bleibt hängen, Schlamm und Wasser laufen seitlich ab.

2 Erzähle mit Hilfe deiner unterstrichenen Textstellen: Wie ist die Ente an ihren Lebensraum angepasst?

Ein Lebewesen (Stockente) im und am Gewässer beobachten; Text über die Stockente lesen und Merkmale der Angepasstheit an den Lebensraum unterstreichen; die ausgewählten Stellen mündlich wiedergeben

3 Weißt du es? Notiere in den Kästchen die Buchstaben der richtigen Antworten.

	1	2	3	4	5	6	7
Lösungswort:							

1 Wo leben Stockenten?

im Ozean **A**	im und am See **L**	in der Wüste **B**

2 Wie heißen die Füße der Stockente?

Schwimmfüße **I**	Paddelfüße **D**	Plattfüße **K**

3 Wozu haben Stockenten Bürzeldrüsen? Zum …

Füttern der Jungen **M**	Einfetten des Gefieders **B**	Abwehren von Feinden **S**

4 Wie schützen sich Enten vor dem Frieren?

Sie kuscheln sich im Nest aneinander. **P**	Sie können Luft zwischen den Federn speichern. **E**	Sie halten in Höhlen Winterruhe. **R**

5 Was fressen Stockenten?

Ratten **C**	kleine Tiere **B**	Wasserpflanzen, Schnecken und Würmer **L**

6 Warum brüten nur die Weibchen der Stockenten?

Ihr Federkleid ist eine gute Tarnung vor Feinden. **L**	Sie haben mehr Geduld als die Männchen beim Brüten. **G**	Sie können in der Brutzeit ohne Nahrung auskommen. **A**

7 Stockenten wechseln ihr Federkleid. Das heißt Mauser. Warum machen sie das?

Sie wollen sich neu herausputzen. **H**	Sie sind dicker geworden und das Federkleid passt nicht mehr. **U**	Die Federn nutzen sich mit der Zeit ab. **E**

4 Gruppenarbeit: Gestaltet zum Lösungswort aus Aufgabe 3 ein Leporello.
Nutzt das Internet unter www.fragFinn.de oder www.helles-koepfchen.de.

Fragen zur Stockente beantworten und damit ein Lösungswort finden;
zum Tier, das im Lösungswort gefunden wurde, ein Leporello gestalten

S. 6/7

Angepasst – Pflanzen im Wasser

1 Lies den Text über die Kleine Wasserlinse.
Notiere am Rand des Textes Schlüsselwörter.

Die **Kleinen Wasserlinsen** treiben oft auf stehenden Gewässern, wie Teichen und Tümpeln. Sie überziehen das Wasser wie ein grüner Teppich. Weil sie gern von Enten gefressen werden, nennt man sie auch Entengrütze, Entengrün oder Entenflott. Wasserlinsen bestehen aus einem oder mehreren nur 2–4 mm großen rundlichen Schwimmblättchen. Die Blätter haben luftgefüllte Hohlräume. So kann die Pflanze auf der Wasseroberfläche schwimmen. An den Blättchen sitzt eine kleine Wurzel. Durch sie nehmen die Pflanzen aus dem Wasser Nährstoffe auf. Die Wurzeln tragen auch dazu bei, dass die Pflanzen stabil auf dem Wasser liegen können. Die Wasserlinsen blühen selten. Meist bilden sich an der Mutterpflanze Ableger.

2 Beschrifte die Pflanze. Die Schlüsselwörter helfen dir.

Kleine Wasserlinse

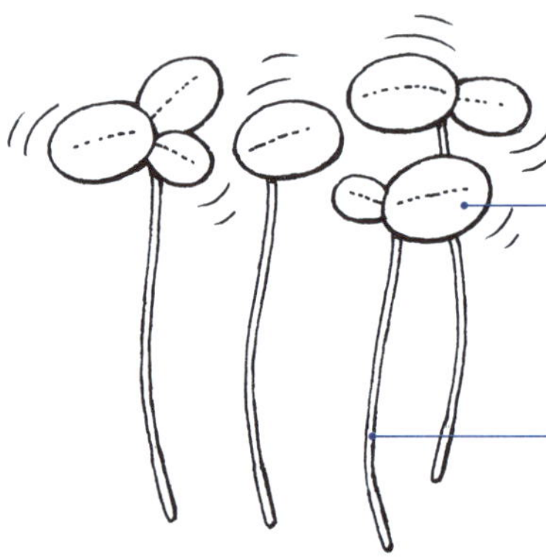

3 Schreibe auf: Wie ist die Wasserlinse an das Leben im Wasser angepasst?

Eine Pflanze im Wasser kennen lernen (Wasserlinse), Schlüsselwörter im Text finden, ihn mit Hilfe der Schlüsselwörter mündlich wiedergeben; die Wasserlinse beschriften und ausmalen; die Anpassung der Pflanze kurz beschreiben

S. 6/7

4 Wie heißt die Pflanze?
Trage ihren Namen in den Kreis ein.

- große weiße Blüte
- große Schwimmblätter mit Wachs überzogen
- Samen können schwimmen

5 Zeichne und beschrifte die Pflanze, die du in Aufgabe 4 benannt hast.
Nutze das Schulbuch Seite 98.

6 In Aufgabe 4 hast du den Namen einer Wasserpflanze aufgeschrieben.
Wie ist die Pflanze an das Leben im Wasser angepasst?
Schreibe einen Text.

Mit Hilfe von Aussagen zu einer Pflanze den Namen finden (Seerose); eine Zeichnung der Pflanze anfertigen, dabei das Schulbuch nutzen; die Anpassung der Pflanze an den Lebensraum Gewässer notieren

Der Polarstern

Der Polarstern ist der hellste Stern im Sternbild „Kleiner Wagen“. Er befindet sich genau im Norden und ändert seine Lage nicht.

1 Zeichne das Sternbild „Kleiner Wagen“ in das Gitternetz. Kennzeichne den Punkt des Polarsterns rot.

Die Punkte sind:
8A/2B, 10A/3B, 6A/5B, 8A/6B, 9A/10B, 10A/13B, 12A/15 B.
Verbinde die Punkte miteinander.

Beispiel: 8A/2B

- **8A**
  Du zählst an der Linie A
  8 Kästchen ab und
  setzt einen dünnen Punkt.

- **2B**
  Dann zählst du an dieser Stelle
  2 Kästchen in die Höhe und
  setzt einen dicken Punkt.
  Das ist der erste Punkt
  für das Sternbild.

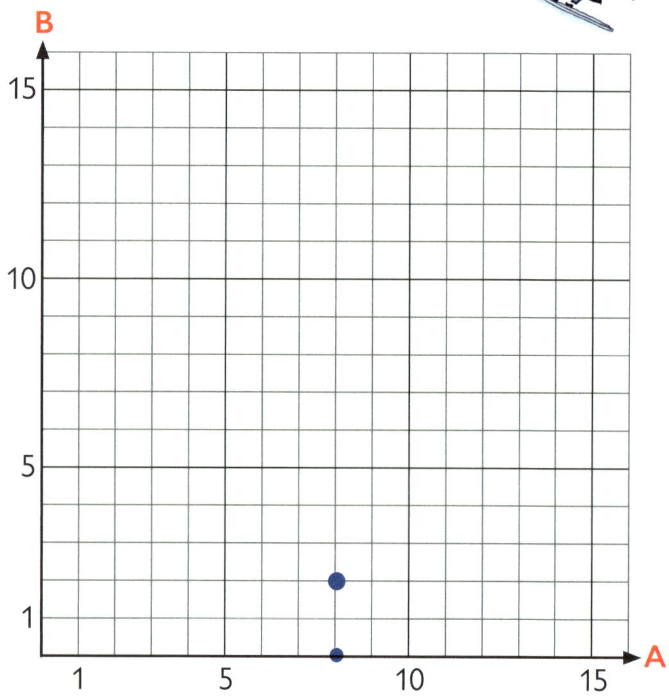

2 Schreibe die fehlenden Begriffe in den Text.

Gasen | leuchtet | Nordrichtung | Nordstern

Der Polarstern heißt auch ______________. In klaren Nächten ist er immer am selben Ort zu sehen und weist dem Beobachter die ______________.

Der Stern besteht aus glühenden ______________. Weil der Polarstern, wie alle Sterne sehr heiß ist, ______________ er.

Arbeit mit dem Gitternetz kennen lernen, mit Hilfe von Punkten das Sternbild „Kleiner Wagen“ und den Polarstern einzeichnen; einen Lückentext zum Polarstern ausfüllen

3 Zeichne ein großes Gitternetz auf ein kariertes Blatt: A bis 25, B bis 25.
Zeichne nun das Sternbild „Großer Wagen“ und den Polarstern mit Hilfe dieser Punkte:
3 A/1 B, 4 A/4 B, 7 A/7 B, 10 A/8 B, 13 A/7 B, 16 A/11 B, 14 A/13 B
Polarstern: 5 A/22 B.

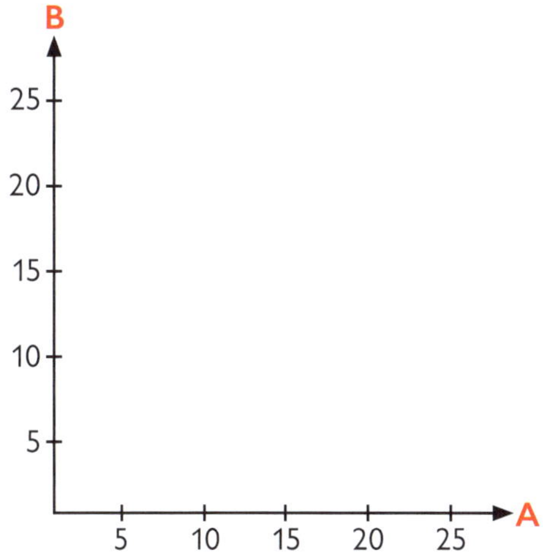

4 Suche Informationen zum Polarstern im Internet.
Ergänze den Text:

1. Ich klicke den Internetzugang an und schreibe auf die Startseite den Namen der Kindersuchmaschine:

____

Kinder-suchmaschinen:

- www.fragFinn.de
- www.astrokramkiste.de/polarstern

2. In das Suchfeld der Kindersuchmaschine schreibe ich den Suchbegriff ein:

____

3. Auf der Seite wähle ich einen Link zum Thema aus. Er trägt die Überschrift:

____

4. Ich lese den Text. Finde ich interessante Informationen, notiere ich sie hier.

____

____

____

____

Trinkwasser für unsere Häuser

1 Betrachte die Abbildung.
Woher kommt das Trinkwasser, das wir täglich nutzen?
Schreibe einen Text zum Schaubild.

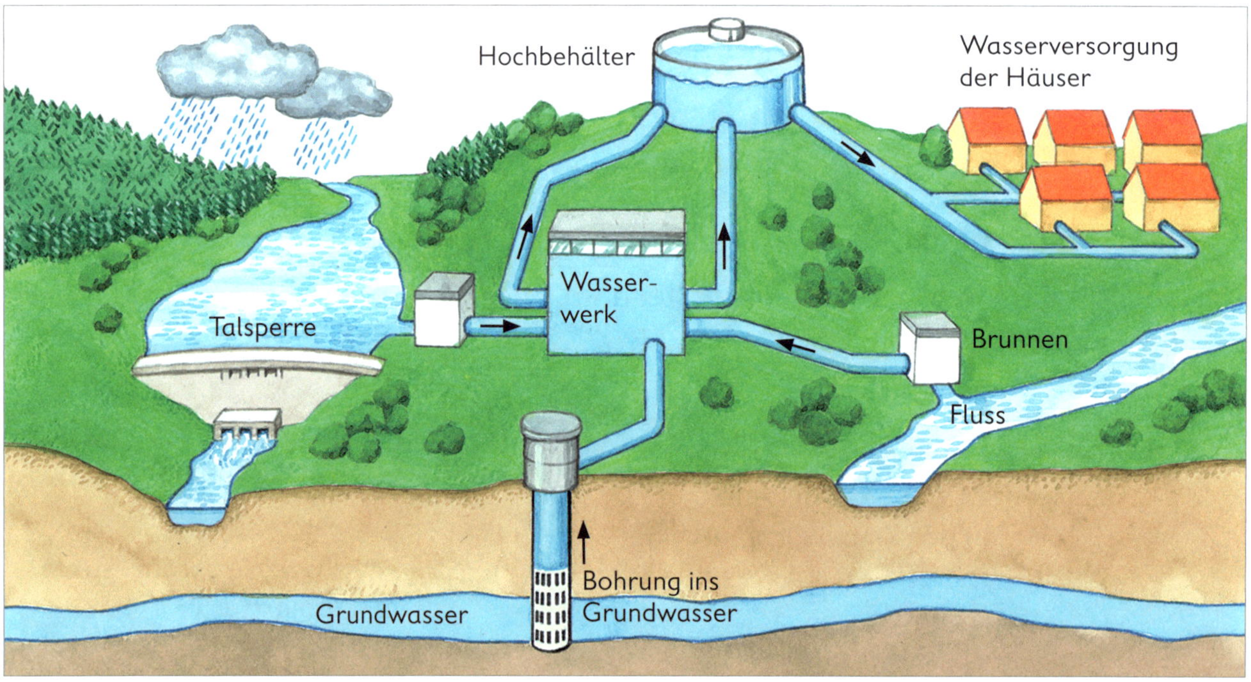

2 Frage in deiner Familie nach: Wozu gibt es Wasserzähler in den Häusern?

Dem Schaubild Informationen zur Herkunft unseres Trinkwassers entnehmen und dazu einen kurzen Text schreiben; im Haushalt nachfragen, welche Bedeutung ein Wasserzähler hat, diskutieren, warum man für Trinkwasser bezahlen muss

3 Das Kreisdiagramm zeigt, woher in Sachsen das Trinkwasser kommt.
Werte es aus und ergänze die Sätze.

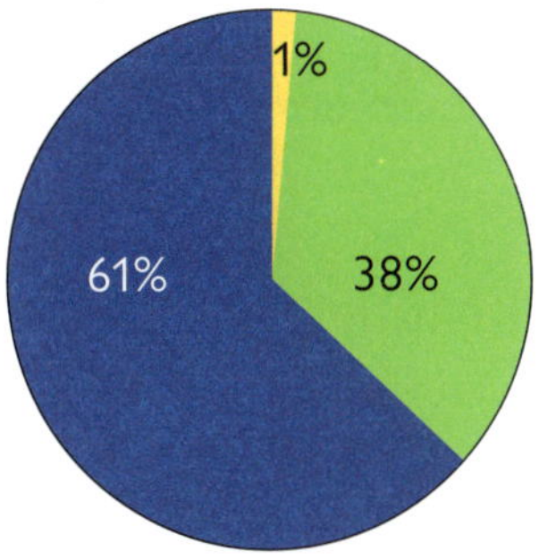

- Oberflächenwasser aus Talsperren
- Grundwasser aus dem Boden
- Oberflächenwasser aus Fließgewässern

Das meiste Trinkwasser erhalten wir aus

______________________________.

Sehr viel Trinkwasser entnehmen wir aus

______________________________.

Einiges Trinkwasser kommt auch aus

______________________________.

4 Vermute: Kann der Hochbehälter alle Häuser mit Wasser versorgen?

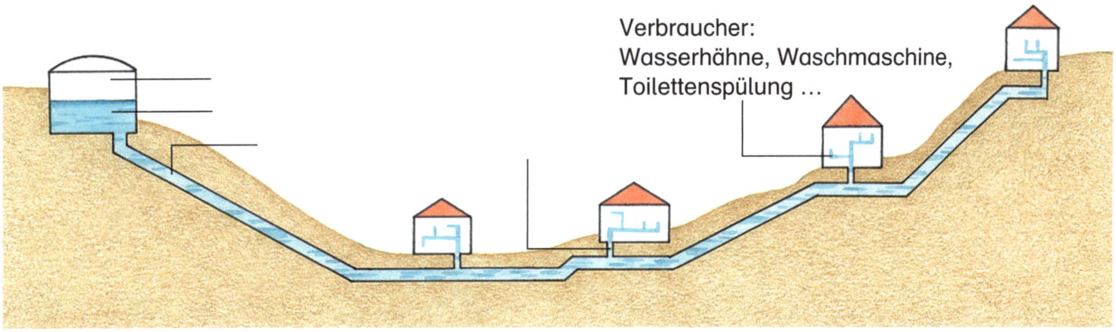

Wasser bergauf fließen lassen

Du brauchst:
- Wasser, einen Schlauch,
- zwei Trichter:

Hochbehälter A, Häuser B

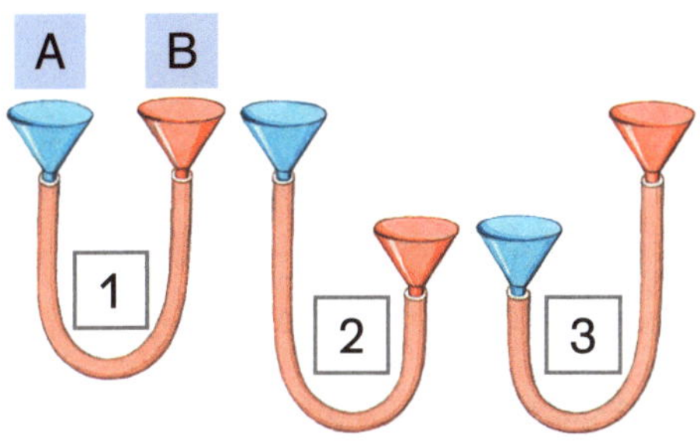

Gehe so vor:
- Baue ein Modell 1
- Gib Wasser in den Hochbehälter A.
- Halte Hochbehälter A und Häuser B unterschiedlich hoch 2 3.
- Finde so heraus, ob alle Häuser mit Wasser aus dem Hochbehälter versorgt werden.

Ergebnis: Alle Häuser werden mit Wasser versorgt: ja ☐ nein ☐

Informationen zur Herkunft des Trinkwassers in Sachsen einem Kreisdiagramm entnehmen;
mit Hilfe eines Versuches deutlich machen, warum es Hochbehälter (Wassersammelbehälter) gibt

S. 2/3

Bist du fit für Klasse 5?

1 Lies die Aufgaben und bewerte dich.
Male die Kreise entsprechend aus:

Das kann ich …
- ○ ohne Mühe
- ○ mit etwas Mühe
- ○ mit viel Mühe

1. Einen Vortrag erarbeiten und halten

Ich kann…
- ○ Informationen zum Vortrag sammeln und ordnen
- ○ den Vortrag mit verschiedenen Medien gestalten
- ○ beim Vortrag laut, deutlich und langsam sprechen

2. Im Internet recherchieren

Ich kann…
- ○ im Internet eine Kindersuchmaschine aufrufen
- ○ einen genauen Suchbegriff zum Thema eingeben
- ○ die Suchergebnisse prüfen

3. Zu einem Thema diskutieren

Ich kann…
- ○ meine Gedanken zu einem Thema darlegen
- ○ mich mit anderen zum Thema austauschen
- ○ gegenteilige Meinungen zulassen und diese prüfen

4. Eine Befragung durchführen

Ich kann…
- ○ passende Fragen zu einem Thema finden
- ○ die Befragung durchführen
- ○ das Ergebnis der Befragung auswerten und präsentieren

5. Ein Experiment durchführen

Ich kann…
- ○ die Schritte beim Experimentieren einhalten
- ○ alle Vorsichtsmaßnahmen berücksichtigen
- ○ ein Protokoll zum Experiment anfertigen

6. Eine Sachzeichnung anfertigen

Ich kann…
- ○ in der Zeichnung das Wichtigste darstellen
- ○ zur Zeichnung eine Überschrift finden
- ○ die Zeichnung mit exakten Beschriftungen versehen

Sich selbst einschätzen lernen und eine eigene Dokumentation erstellen;
wBedingungen für den Besuch einer weiterführenden Schule abwägen

S. 6/7

Zum Ausschneiden

für Seite 45

für Seite 19

für Seite 31

für Seite 20 und 21

Für Lehrkräfte: Übersicht zur Lehrplanpassung

Lernbereiche	Seiten im Schülerbuch 4	Seiten im Arbeitsheft 4
Zusammen leben und lernen	5–10, 11–20, 35–40	2–11, 20–21
Mein Körper und meine Gesundheit	49–57, 62	26–29
Begegnungen mit Pflanzen und Tiere	21–34, 95–102	12–19, 44–49
Begegnungen mit Phänomenen der unbelebten Natur	41–48	22–25
Begegnungen mit Raum und Zeit	63–88, 89–94	30–43
Festigung und Vernetzung	12–17	6–9
Wahlpflichtbereiche 1–8	57–61, 22–23, 26–27, 30–31, 103–108, 86–87, 18–19, 84–85, 109–112	12–13, 16–17, 18–19, 38–39, 50–51, 52–53